DEBUT D'UNE SERIE DE DOCUMENTS EN COULEUR

LE CHEMIN DE FER

TRANS-SAHARIEN

D'ORAN AU TOUAT

PAR TLEMCEN ET L'OUED MESSAOURA

Par L. DERRIEN

CAPITAINE D'ÉTAT-MAJOR

ORAN

ADOLPHE PERRIER, IMPRIMEUR-ÉDITEUR

13, Boulevard Oudinot, 13

1879

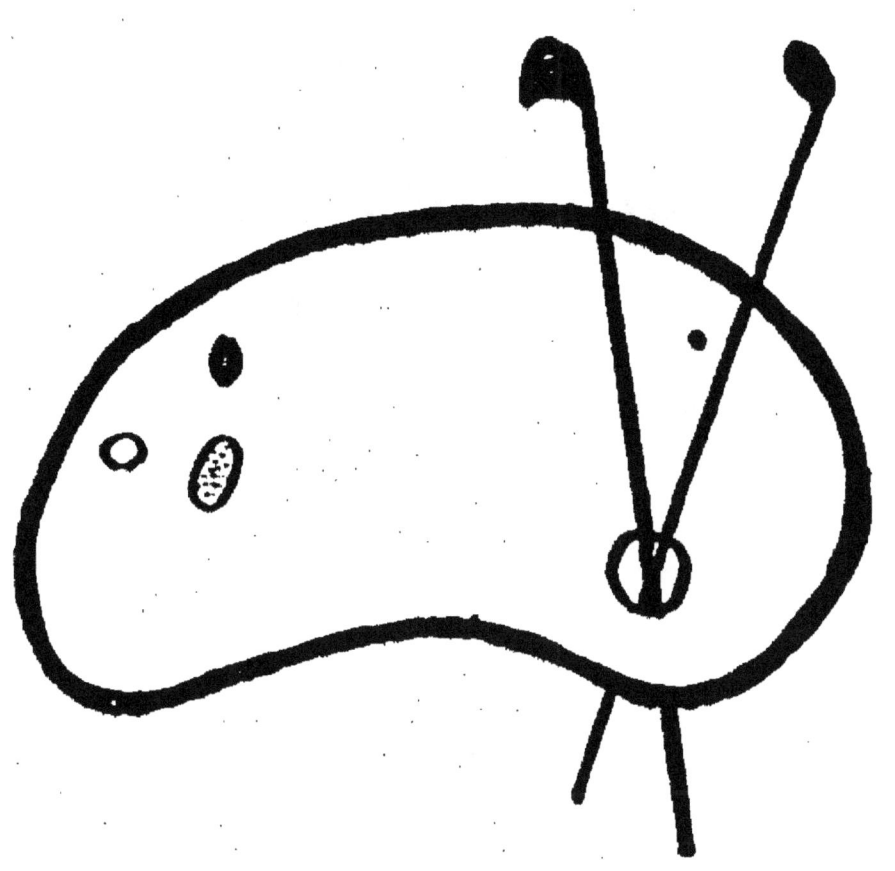

FIN D'UNE SERIE DE DOCUMENTS
EN COULEUR

LE CHEMIN DE FER
TRANS-SAHARIEN

D'ORAN AU TOUAT

PAR TLEMCEN ET L'OUED MESSAOURA

Par L. DERRIEN

CAPITAINE D'ÉTAT-MAJOR

ORAN
ADOLPHE PERRIER, IMPRIMEUR-ÉDITEUR
13, Boulevard Oudinot, 13
1879

LE CHEMIN DE FER

TRANS-SAHARIEN

D'ORAN AU TOUAT

PAR TLEMCEN ET L'OUED MESSAOURA

LE CHEMIN DE FER
TRANS-SAHARIEN
D'ORAN AU TOUAT
PAR TLEMCEN ET L'OUED MESSAOURA

> Ce ne sont pas là des entreprises faciles,
> mais ce sont de nobles entreprises.
> Général Faidherbe. (L'avenir du Sahara et
> du Soudan).

Le Trans-Saharien est à l'ordre du jour ; le projet grandiose, fantastique, de lancer 3,000 kilomètres de railway sur la farouche Timbouktou, à travers les régions inexplorées de *la soif et de la peur*, a fait oublier la mer intérieure du commandant Roudaire, et a détourné l'attention et les capitaux français de l'opération chirurgicale projetée par M. de Lesseps sur l'isthme de Panama.

C'est que la France se trouve en présence d'une œuvre civilisatrice et commerciale du plus haut intérêt. Nous ne ferons pas ici l'énumération des produits et des richesses de l'Afrique centrale : assez de livres et d'écrits en ont parlé avec détails, depuis quelque temps, et sans en exagérer l'importance, sans, non plus, les traiter avec dédain, nous sommes convaincu que nos deux colonies d'Algérie et du Sénégal y trouveront une ample moisson de profits, et qu'un immense débouché s'offrira à nos usines et à nos manufactures, pour l'écoulement de leurs produits.

« La prospérité d'un État ne se lit pas seulement dans le
« chiffre de son budget et dans celui de ses dettes ; tout ce qui,
« dans la limite de son crédit, peut concourir à assurer sa
« position militaire, à favoriser dans son intérêt les rivalités
« commerciales, est encore un élément de prospérité. » (1)

Le Soudan est dix fois grand comme la France, avec 80 millions d'habitants qui deviendront les clients de ceux qui les aborderont le plus vite avec la locomotive.

L'Angleterre et l'Allemagne se préparent en silence ; hâtons-nous de notre côté, mais sans étourderie, sans passion, et que les intérêts particuliers s'effacent devant l'intérêt national.

Déjà, le projet Duponchel est sorti du domaine de l'utopie ; une Commission supérieure a été saisie officiellement de l'étude des points de départ et des moyens d'exécution de cette voie ferrée. Ses premières délibérations n'ont pas été accueillies favorablement par une partie de la presse algérienne ; par suite de fâcheuses tendances, Biskra avait été de prime abord désigné comme point d'où partiraient les études ; mais la Commission, se ravisant sagement, décida que les études seraient entreprises simultanément dans les trois provinces.

Voici donc trois candidats en présence : Biskra, Laghouat, Tlemcen, briguant l'honneur d'être les ports du Sahara, pour desservir leurs ports respectifs de la Méditerranée : Philippeville, Alger et Oran.

Avant d'examiner les droits de chacun d'eux et d'étudier les difficultés ou obstacles qui pourront surgir, ouvrons une carte et jetons un coup d'œil sur le terrain à parcourir. Le sud de nos possessions algériennes est marqué par cette partie du Sahara que Strabon comparait, comme on le sait, à une peau de léopard, dont les taches noires sur le fond jaunâtre des steppes ou des dunes, sont les oasis de Biskra, Laghouat, El-

---

(1) De la Régence d'Alger, par Cavaignac ; 1839, p. 111.

Oued, Touggourt, Ouargla, le M'zab, El-Goléa, le Gourara et le Touat.

Cette dernière s'avance en pointe, vers le sud, dans le vrai Sahara, qui n'a plus alors l'apparence d'une peau de léopard, mais bien celle d'une peau de buffle, sans autre moucheture que les amas blanchis des ossements qui jalonnent la direction des caravanes.

Ce promontoire du Touat a dû s'imposer naturellement aux caravanes pour abréger la traversée du désert; les États de Bornou, d'Haoussa et de Massina y accumulent leurs produits qui s'écoulent de là, beaucoup sur Mogador, Tanger, Tripoli et l'Égypte, très-peu sur l'Algérie. C'est donc en un point de cette oasis que nous devons établir un port d'atterrage, un réservoir d'où sortira, sous forme de voie ferrée, l'ancien courant commercial de l'Algérie. Personne n'ignore les causes qui avaient fait tarir ce courant: l'absence de sécurité, nos funestes traités douaniers, et surtout l'abolition de la traite des Noirs qui nous fit mettre au ban des caravanes pour lesquelles cette marchandise ambulante était la grande attraction. Nous y reviendrons plus loin, lorsque nous démontrerons que l'ancien commerce se portait de préférence vers Tlemcen. Pour le moment, nous pouvons prédire que notre Trans-Saharien sera un trait d'union entre la France et l'Afrique centrale. Les habitants du désert, émerveillés de notre civilisation, de la supériorité de notre industrie, sauront, en outre, apprécier la pacification du pays, la sécurité de nos routes, la diminution des fatigues de leurs caravanes, la sûreté de nos transactions; toutes choses qu'ils ne rencontreront pas sur la voie de Tripoli ou du Maroc.

Voilà donc un premier jalon forcé du Trans-Saharien, à l'extrémité méridionale de l'archipel Touatien. Il reste à étudier vers quel port de l'Algérie se portera le courant. Ce n'est pas un plaidoyer que nous allons entreprendre pour une route reconnue, explorée d'avance, de préférence aux deux autres. Depuis treize ans nous parcourons le Tell et les Hauts-Plateaux en tous sens; nous avons recueilli des notes et des renseignements sur le sud des trois provinces, nous avons eu à notre disposition les plans et archives de nos explorations dans le Sahara, et nous allons essayer d'établir, au moyen d'arguments sérieux et de faits qui se passent journellement, que si *jamais un chemin de fer français, partant de l'Algérie, aboutit au Touat et se prolonge plus au sud, il doit avoir son point d'embarquement à Oran et passer par Tlemcen, Sebdou et l'oued Messaoura.*

Les journaux de la province d'Oran et deux membres éminents de la Société de géographie de cette ville, M. le président Trotabas et M. le vice-président Kramer, ont brillamment ouvert la discussion et réfuté les objections faites au tracé de l'Ouest par quelques membres de la Commission. Notre tâche se trouve ainsi simplifiée ; elle serait même téméraire et superflue si elle n'était qu'un simple témoignage apporté en vue de l'intérêt général, et avec un désintéressement complet.

Suivant nous, le tracé Oran, Tlemcen, oued Messaoura, offre seul les avantages suivants :

1° Il est le plus court ;
2° Il est le plus économique et le plus salubre ;
3° Il est le plus avantageux au point de vue du commerce et des trafics ;
4° Il éveillera le moins les susceptibilités politiques ;
5° Il est la meilleure ligne stratégique.

Avant de prouver ce que nous avançons, nous allons exposer le tracé que nous proposons.

1° **D'Oran à Tlemcen.** — Cette ligne a été classée dans le réseau d'intérêt général ; elle atteindra Tlemcen à la cote 800 mètres environ, après un parcours de 145 kilomètres.

2° **De Tlemcen à Sebdou.** — Ici une difficulté orographique se présente : pour aller de Tlemcen à Sebdou il faut traverser un massif montagneux dont la première muraille domine Tlemcen au sud et qui, sur une étendue nord-sud de 25 kilomètres, sépare l'Isser de la Tafna supérieure et celle-ci de ses affluents des Oulad-Riah. Les seuls passages naturels seraient les brèches formées par l'oued Safsaf, l'oued Chouly et l'oued Isser.

Le tracé par l'Isser, en traversant la petite chaîne de Roumélia, au col de l'Aïn-Sdigha, aurait l'avantage de relier Tlemcen à Lamoricière, et en remontant ce dernier cours d'eau, on pourrait déboucher facilement sur le plateau de Sebdou, par le défilé de Meurbah; mais ce trajet serait de 90 kilomètres environ, plus du double que le trajet direct de Tlemcen à Sebdou.

La brèche de la Safsaf aux cascades ne nous paraît pas praticable; le serait-elle, que le tracé remontant l'oued Mafrouch et l'oued Bou-Afif, en longeant la route de Sebdou, atteindrait, avant de descendre au sud, la cote minimum de 1,350 mètres à la distance de 20 kilomètres, ce qui donnerait une pente de 27 millimètres.

Le tracé par l'oued Chouly atteindrait, après 45 kilomètres, la cote 1,300 à la tête de sa vallée, ne donnant ainsi qu'une pente de 11 millimètres; il faudrait un tunnel d'un kilomètre environ pour passer dans le bassin de la Tafna; mais pour atteindre Sebdou à 10 kilomètres plus loin, et à la cote 950, il faudrait une pente de 36 millimètres.

Pour se tirer d'embarras, il n'y a qu'à contourner le massif à l'ouest, en ne s'écartant pas trop de la courbe 800; ce tracé aurait l'avantage de se confondre, dans sa première partie, avec la ligne projetée sur Lalla-Marnia, en traversant le contrefort des Beni-Mester, entre le Djebel-Bou-Chemilh et le Djebel-Sghiban, au point où passe actuellement la nouvelle route de Tlemcen à Lalla-Marnia; on couperait les thalwegs supérieurs des oueds Bou-Mester, Zeitoun, Ben-Aïen, Bou-Yoursen et Bou-Tass; on contournerait ensuite, à l'ouest, le Djebel-Bou-Medrar, et remontant le cours supérieur de l'oued Tamazalet, signalé par la koubba de Si-Hamed-Taïr, on pourrait déboucher sur le territoire des Ahl-bel-Ghafer et remonter le versant de la rive droite de la Tafna jusqu'à Sebdou dans de bonnes conditions. Le contour du Djebel-Bou-Medrar présentera peut-être quelques difficultés et nécessitera un ou deux tunnels; mais l'étude du terrain fera assurément découvrir des passages favorables. Ce tracé aura une longueur de 65 kilomètres environ.

3° **De Sebdou à El-Aricha** (54 kilomètres). — Au sud de Sebdou, à 8 ou 10 kilomètres au plus, est une ligne de hauteurs rocheuses et boisées, limitant le Tell en cette région et séparant les eaux de la Tafna de celles de Dayat-Feril. Deux passages naturels existent dans cette chaine : le Teniet-el-Klab et le Teniet-el-Djibs. Ce dernier nous semble préférable. Il est la route la plus directe pour se rendre à El-Aricha ; la pente sera bien de 20 millimètres, mais sur un parcours de peu d'étendue. Le terrain que l'on traverse ensuite, sur cette partie des Hauts-Plateaux, est une plaine légèrement ondulée, couverte d'alfa ; on traverse les oueds, ou plutôt les lignes de fonds de Sanef et de Mader, puis l'oued Betticha, près des r'edirs de ce nom, à la réunion des oueds Tinakial, El-Oudjirat et Zelizla. De Betticha à El-Aricha, on peut remonter un de ces deux derniers affluents et arriver à El-Aricha en contournant, à l'ouest, le Djebel-bou-Khalfa, si l'on veut éviter le col des Mekkaïdou.

El-Aricha, à 1,250 mètres d'altitude, n'est qu'un petit poste militaire, une redoute avec quatre ou cinq maisons de marchands juifs ; mais il y a place pour la colonisation, bien que les nombreux puits des environs donnent une eau légèrement chargée de sels ammoniacaux.

4° **D'El-Aricha à Aïn-Ben-Khelil** (120 kilomètres). — D'El-Aricha au chot El-R'arbi, plaine sans limite ; l'œil n'aperçoit qu'un horizon immense, circulaire comme en mer ; le terrain est couvert d'alfa, sauf dans les légères dépressions qui sont couvertes de thym. On suit pendant 24 kilomètres la vallée supérieure de l'oued Harmel jusqu'à Mechera-el-Kounak, et au lieu de se diriger sur le chot, cuvette à berges verticales de 80 à 90 mètres de hauteur, on continue à se diriger au sud-est, en dehors du chot des Hamyane ; on coupe le Guerrabia-Cherguia vers sa tête de vallée, on passe entre le marabout de Sidi-Ahmed-ben-Miloud, qui est dans le chot, et le mekam En-Naga, puis entre le chot et le mekam d'El-Baheïrat ; on traverse ensuite la partie orientale de la dépression d'El-Hazem, couverte de térébinthes, où viennent se perdre, quand elles coulent, les eaux du ruisseau d'Aïn-ben-Khelil. On arrive à ce point en remontant l'oued Tamedmeght, entre le Djebel-Bou-Krachba et le Ketob-el-Miloud, sans autres obstacles que les quelques dunes qui l'environnent. Ce tracé de 120 kilomètres n'a pas d'eau ; mais on la trouvera facilement en creusant à quelques mètres dans le lit du Guerrabia, dans un des mekamen, ou bien dans la daya d'El-Hazem. Si la nature géologique du sol s'y oppose, on pourrait établir, en des points convenablement choisis, des rédirs artificiels, cimentés et recouverts, de manière à garder les eaux de pluie toute l'année.

Aïn-ben-Khelil (1190ᵐ d'altitude), devra former une station importante de relâche et d'approvisionnement pour le service de la voie. On y voit le reste d'une redoute abandonnée en 1856; tout autour sont des puits donnant une eau claire et bonne.

5° **D'Aïn-ben-Khelil à Aïn-Sfissifa** (64 kilomètres). — D'Aïn-ben-Khelil on peut passer dans le bassin désertique de l'oued Namous par deux routes différentes, ou par celle de Magroun qui conduit à Tyout, ou par celle de Taoussara qui mène à Aïn-Sfissifa.

La première, à l'inspection de la carte, paraît s'imposer, en descendant simplement l'oued Mouilah qui coule du nord au sud, du Teniet-el-Moudjahedire jusqu'à Aïn-Sefra, entre le Djebel-Morghad et le Djebel-Aïssa ; mais la suite de son cours, d'Aïn-Sefra à Tyout est d'un accès difficile : la vallée est très-resserrée au sud contre les flancs abrupts et rocheux du Djebel-Mekter, et au nord par un dédale de dunes et de mamelons rocailleux. En aval de Tyout, la vallée offre, en outre, un défilé très-difficile, la coupure étroite de El-Hadjelj, qui sépare le Mekter du Djara.

La route d'Aïn-Sfissifa nous semble préférable, sa direction est du nord au sud ; après 28 kilomètres en terrain plat couvert d'alfa, on arrive aux puits de Taoussara (1250ᵐ) qui donnent une eau abondante; 10 kilomètres plus loin on traverse la ligne de partage des eaux, à la dépression d'Ez-Zerigat, entre le Merkeb-ez-Zerga et le Djebel-R'arnouk, et on descend une vallée sans obstacle jusqu'à Aïn-Sfissifa, après une station aux 17 puits de Lembaâ, situés à moitié chemin entre Taoussara et le ksar.

Aïn-Sfissifa est un point sur l'importance duquel nous aurons à revenir, il est appelé à être la station commerciale de la région des ksours ; c'est un carrefour où se croisent les routes d'Aïn-ben-Khelil, de Tyout, des Mor'ar, de Figuig et d'Aïn-Chaïr ; il est à la tête de la vallée de l'oued Namous, il a de l'eau en abondance et il devra être occupé militairement.

6° d'Aïn-Sfissifa à Nakhelat-el-Brahim (116 kilomètres). — Il nous paraît donc superflu de faire faire au tracé un coude à l'ouest pour le faire aborder aux ksours de Mor'ar ; le tracé le plus logique serait celui qui se dirigerait carrément sur Figuig, pour suivre ensuite la vallée jusqu'au Touat ; mais Figuig, à l'instar de Timbouctou, interdit à tout Européen l'entrée dans ses murs.

Nos colonnes ont, à plusieurs reprises, campé dans ses environs ; quelques officiers ont pu s'avancer jusqu'à une portée de fusil des murailles ; mais nul n'a pu pénétrer dans un de ses onze ksours. Il pourrait se faire qu'éclairés sur le but de notre entreprise, que convaincus de nos intentions pacifiques et séduits par l'appât du lucre, les habitants de Figuig demandassent eux-mêmes le tracé du chemin de fer sur la rive gauche de l'oued El-Hardja, à 2 kilomètres au moins du ksar le plus rapproché ; mais si leur susceptibilité était éveillée outre mesure, par suite de notre voisinage trop rapproché, on passerait du bassin de l'oued Namous dans celui de l'oued Guir, en suivant le chemin de Sfissifa à Mor'ar jusqu'au Teniet-Djelliba, entre le Mir-el-Djebel et le Djebel-Mekter, pour redescendre ensuite au sud-ouest, dans la vallée de l'oued Founassa, de l'oued Dermel, de l'oued Aouidj jusqu'à son confluent avec l'oued Zouzfana, à Nakhelat-el-Brahim.

On pourrait passer d'Aïn-Sfissifa dans l'oued Ich et l'oued Zoubya par le Ras-Sefa ; mais cette région est très-difficile et très-tourmentée.

7° De Nakhelat-el-Brahim au Touat (Taourirt, 716 kilomètres). — De Nakhelat-el-Brahim, il n'y a plus qu'à suivre la vallée de l'oued Zouzfana jusqu'à son confluent avec l'oued Guir près d'Igli, et le cours de ce dernier, appelé d'abord oued Messaoura, puis oued Messaoud jusqu'au Touat. La route de Figuig au Touat par l'oued Messaoura a été décrite avec beaucoup de détails, et de la manière la plus intéressante par M. J. Sabatier, dans le *Mobacher* de janvier 1876, et nous y renvoyons ceux que la question peut intéresser.

Par cette voie, le Trans-Saharien passerait, avant d'arriver au Touat, à travers 500,000 palmiers et près de 33 ksours, dont 8 aux Beni-Goumi, 10 au Bled-Raba, 11 au Bled-Kersaz, formant des petites républiques indépendantes du Maroc.

Examinons maintenant chacune de nos allégations sur le tracé d'Oran.

1º. — *Il est le plus court.*

Il suffit d'un coup d'œil sur la carte pour voir les différences de latitude qui existent entre les ports d'Oran, d'Alger et de Philippeville; on voit que Tlemcen est sur le parallèle de Biskra, et que ce dernier point est à 330 kilomètres de la côte; tandis que Tlemcen n'en est éloigné que de 140. En résumé, de l'extrémité méridionale du Touat à Oran par Tlemcen, il y a 1,310 kilomètres; à Alger par Laghouat, 1,494, et à Philippeville par Biskra 1,650; donc le tracé d'Oran est le plus court

2º. — *Il est le plus économique et le plus salubre.*

La distance n'est qu'un des éléments de la question, et il faudrait pouvoir comparer les trois tracés au point de vue des pentes et des rampes; c'est ce que les études préliminaires feront connaître. On peut néanmoins entrevoir que les difficultés techniques ne sont pas plus grandes à l'ouest.

De Constantine à Biskra, à moins de passer par Barika, le passage de l'Aurès sera bien plus pénible et plus coûteux que celui de Tlemcen à El-Aricha; les difficultés se représenteront entre Tougourt et Ouargla vers El-Hadjira, aux dunes d'Arefdji et à Safioun; le tracé d'Affreville à Laghouat a l'avantage de remonter le cours du Chélif assez loin sur les Hauts-Plateaux sans trop d'obstacles; mais l'eau est si peu abondante, que M. Duponchel estime à 9,300,000 fr. les dépenses nécessaires pour l'approvisionnement d'eau d'Affreville à Inçalah. De l'oued

Mzi à Haci-Zirara, il faudra établir une conduite d'eau de 300 kilomètres, avec réservoirs de 50 en 50 mètres et une machine à vapeur pour refouler l'eau. De plus, le tracé de Laghouat à Inçalah par l'oued Loua ne peut éviter complètement les Aregs, et des parasables seront nécessaires; nouvelles dépenses, sans parler des nombreux ouvrages d'art nécessaires dans le plateau du Mzab, dont les ravins, fortement creusés, forment un véritable filet.

De Ouargla à Inçalah le manque d'eau est encore plus sensible sur un parcours plus long. Notre tracé de l'Ouest trouve de l'eau en abondance presque partout; il n'y a que sur les Hauts-Plateaux, entre Sebdou et Aïn-ben-Khelil, où on sera dans la nécessité de forer des puits artésiens, comme nous l'avons déjà dit, à Betticha, dans un des mekamen, ou dans la grande dépression d'El-Hazem ou Aden, de créer des r'edirs artificiels.

Le sol ne présente quelques difficultés que dans une partie du tracé de Tlemcen à Sebdou et dans le passage de Sfissifa à l'oued Zouzfana; la dépense qui en résultera pour les travaux d'art ou de terrassement sera largement compensée par l'économie de conduites d'eau, de parasables et de 60 kilomètres de voie en moins que le tracé de Laghouat (en défalquant les 120 kilomètres d'Alger à Affreville); le tracé de Biskra, avec ses 200 kilomètres de plus, se trouve hors de discussion. Ajoutons encore que le tracé oranais traverse des contrées salubres; on ne peut en dire autant des deux autres. A l'est surtout, les bas-fonds de l'oued R'ir et Ouargla, où les fièvres paludéennes sévissent toute l'année et où des Européens ne sauraient s'acclimater.

3°. — *Il est le plus avantageux au point de vue du commerce et des trafics.*

Une preuve indéniable de la grande vitalité commerciale de la région ouest est donnée par le mouvement périodique des caravanes de nos tribus du sud, d'une part, vers le Gourara et le Touat; et, d'autre part, des caravanes du Tafilalet, des Doui-Menia et autres tribus indépendantes du bassin de l'oued Guir vers le Tell, à Tlemcen.

Aucune des deux autres provinces ne donne le spectacle de migrations temporaires de ce genre.

Les Hauts-Plateaux de Sebdou à Sfissifa regorgent d'alfa ; la région des ksours et des oasis oranais fournit des bestiaux et des laines ; les Doui-Menia, les Beni-Guil, les Oulad-en-Nhar, les Hamyane en apportent 10,000 quintaux par an à Tlemcen.

Le Touat et le Tafilalet n'apportent par Figuig que ce qui, sous un faible volume, a assez de prix pour qu'on puisse retirer un bénéfice du trafic, en se couvrant des frais de transport.

Si Laghouat, le Ziban, l'oued R'ir, Touggourt et Ouargla s'enorgueillissent de leurs palmiers, l'ouest en a une bonne part. Il y a une source de richesse dans le commerce des dattes, méconnue par nous jusqu'à ce jour. La datte peut remplacer avantageusement le raisin sec et la figue sèche ; elle se conserve cinq à six mois sans altération ; on en extrait une liqueur, un vin fort apprécié des arabes ; les habitants des oasis la donnent en nourriture aux bestiaux. L'Angleterre en a bien compris les avantages ; elle accapare à Tanger la plus grande partie des dattes qui viennent du Tafilalet. La charge de dattes de 150 kilogrammes vaut de 5 à 10 fr. au Gourara ; par suite des frais de transport, elle vaut de 15 à 25 fr. à Figuig, 130 fr. à Tlemcen. Avec le chemin de fer, on l'aura à Tlemcen pour 50 fr.

Les productions minérales du Sahara tlemcénien sont nombreuses ; le chemin de fer en fera hâter assurément l'exploitation. Nous signalerons, entre autres :

Les *pierres à bâtir*, dans les montagnes jurassiques qui s'élèvent au sud de Sebdou et qui ont été déjà exploitées pour la construction de ce poste ; un *gîte de plâtre*, dans le Djebel-el-Djibs, à 9 kilomètres au sud de Sebdou ; du *gypse cristallisé*, dans le bassin du Dayat-Ferd ; les indigènes, après l'avoir réduit en poudre, l'emploient à blanchir la laine filée et à détruire, chez les chameaux, les vers qui pullulent sur les plaies produites sur le dos par le frottement du bât et la pression de la charge ; le *marbre*, à Chebket-el-Beïda et aux

Toumiat, série de petits mamelons entre Magroum et Aïn-Sefra; la *chaux carbonatée*, dans l'oued El-Djir, affluent de l'oued Tyout;

Un gîte considérable de *sel gemme*, à 24 kilomètres sud-est de Tyout, exploité par les Hamyane-Gharaba; on trouve aussi, après l'évaporation des eaux de pluie, *du sel* dans les sebkhas du chot et sur les bords de quelques oueds, tels que l'oued Mouilah, l'oued Aïn-Sefra et l'oued Tebbib;

Une *source thermale*, sulfureuse, appelée Aïn-Ouerka, ayant une température de 47° centigrades; elle est située à proximité du sel gemme précité; les indigènes, atteints de douleurs rhumatismales, la fréquentent avec succès;

Du *salpêtre*, dans les terres des grottes naturelles aux environs des ksours. Ce sel se cristallise par refroidissement, dans les eaux de lavage évaporées, à feu nu, dans des bassins en terre ou en cuivre. Les indigènes s'en servent pour la fabrication de la poudre;

Un gisement de *soufre*, à El-Kebritia, dans le chot des Hamyane;

Des fragments de *minerai de fer*, à l'état d'oxyde, jonchent le sol dans les massifs de grès des ksours; on n'a pas encore observé de minerai en place;

On trouve encore du *sulfure d'antimoine* à Djerf-El-Kohenl, un gîte de *peroxyde de manganèse*, dans les berges de l'oued Namous; une mine de *galène*, assez riche pour être exploitée avec avantage, sur le revers sud-est du Koudiat-er-Ras, chez les Oulad-en-Nhar; deux gîtes de *cuivre* (malachite): l'un dans la plaine de Tiourtalet, à 12 kilomètres nord-est de Tyout, le second à l'est de Redjem-Si-Sliman, à l'ouest du Djebel-Aïssa;

Enfin, Gar-Rouban pourra écouler ses minerais de plomb argentifère par la voie ferrée.

Par ce qui précède, on voit que la ligne de l'Ouest traverse un pays productif, arrosé et peuplé presque sur tout son parcours. Les autres tracés ne sauraient lui être comparés; ils passent sur un sol inhabité sur un peu plus des deux tiers de leur longueur.

Les adversaires du Trans-Saharien prétendent que dans le Sahara algérien les besoins des habitants sont presque nuls; le mouvement des caravanes, dont nous parlions plus haut, est une première preuve du contraire. Ces caravanes algériennes sont toujours attendues avec impatience par les tribus du Gourara et du Touat. Elles emportent des moutons, de la laine, du fromage, de la viande sèche, du blé, de la farine, du beurre, de la graisse, des fèves.

La caravane des Trafi, pour citer un exemple, composée, en 1877 de 6,319 chameaux, avec un apport de 103,794 fr., a rapporté des denrées et différents objets (dattes, henné, alun, piment, tabac, petits sacs, paniers d'arough, paniers de tabagha, et quelques négresses), pour une valeur de 696,400 fr., réalisant ainsi un bénéfice de 592,606 fr. Il est vrai qu'il faut défalquer le prix de 77 chameaux, morts en route, dont la valeur est, d'après un prix moyen de 250 fr. l'un, de 19,250 fr., ce qui ramène le bénéfice à 573,356 fr.

Une preuve que nos caravanes sont désirées par les gens du Gourara, ou plutôt que nos produits du Tell leur sont indispensables, existe dans le fait suivant : En 1867, un homme des Oulad-Ziad, faisant partie d'une caravane, eut une rixe avec un homme du ksar de Khenafeça et fut tué. Les portes du ksar furent fermées et les Oulad-Ziad se retirèrent, abandonnant toute relation avec eux. En 1872, les gens de Khenafeça envoyèrent leurs notables supplier les Oulad-Ziad d'oublier ce fait et offrirent 1,000 fr. pour le prix du sang. La somme fut acceptée pour être remise à l'enfant de la victime et la réconciliation eût lieu.

Un autre fait se produisit la même année, montrant l'influence qu'ont acquise nos caravanes dans ces contrées :

La caravane venait de quitter Timimoun et se dirigeait sur Cherouine, lorsque des gens de Rhema et Braber, au nombre de 700 environ, arrivèrent à ce dernier ksar et se battirent avec ses habitants; des deux côtés il y eut des morts. Puis, apprenant que les caravanes des Trafi arrivaient et qu'elles étaient en force, les Braber entrèrent à Timimoun chez leurs amis et s'y cachèrent, se gardant bien de faire le moindre tort aux gens de Brizina, des Oulad-Ziad et des Harrar qui étaient restés dans ce ksar pour les transactions. Ben-el-Mecheri, le chef de la caravane, à cette nouvelle, rallie son monde et marche sur Timimoun, car dans sa pensée les Braber n'étaient venus qu'avec l'intention de piller ou d'enlever en détail les chameliers traînards ou isolés ; il plaça le goum en avant, puis la plus grande partie des fantassins en armes et enfin les chameaux. Il signifia aux gens de Timimoun d'expulser au plus vite les Braber ; ceux-ci protestèrent de leurs intentions pacifiques. Les Trafi, peu convaincus, les provoquèrent ; la djemaâ de Timimoun intervint et les Braber se renfermèrent dans Timimoun. Rien ne fut volé aux Trafi (1).

Nos nomades de l'ouest se bornent exclusivement au commerce des denrées alimentaires avec le Gourara et le Touat; car ce commerce est le seul qui leur soit nécessaire, et il est bien plus productif pour eux que tout autre, sans risques, sans encombres. Ils se soucient peu des denrées du Soudan.

Celles-ci sont apportées par les caravanes du Bornou et ne font que traverser le Touat. D'après les renseignements recueillis par M. Soleillet, l'indigo et l'ivoire vont d'Inçalah à Mourzouk par R'adamès et de là en Égypte ; les plumes d'autruche vont à Tripoli, les gommes vont au Maroc. Les négresses vont un peu partout ; tout le monde sait qu'il n'est pas un seul arabe aisé, pas un de nos chefs indigènes qui ne possède une ou deux négresses, comme concubines ou comme domestiques de leurs femmes légitimes.

En échange, Inçalah prend à R'adamès, cotonnades, soieries, fers, sucre, thé (produits anglais venus par Malte et Tripoli). Il prend au Mzab, en échange des négresses, le savon, la bougie, le sucre et le café. Très-peu de caravanes vont à Ouargla.

Les autres produits français arrivent au Touat par le Tafilalet, qui les reçoit des négociants de Ouellane, lesquels sont en relation continue avec ceux de Tlemcen.

---

(1) Ces renseignements nous ont été fournis par M. Alata, interprète militaire, directeur de la medreça à Tlemcen, lequel les tenait de la bouche même de Ben-el-Mecheri, chef de la caravane des Trafi.

Nous voici, derechef, à Tlemcen, seule ville de notre colonie faisant encore du commerce avec le sud par l'intermédiaire du Maroc.

Antérieurement à notre établissement en Algérie, des caravanes importantes avaient essayé d'apporter leurs marchandises jusqu'à Alger et Constantine, après avoir assuré leur marche par de grands sacrifices. S'arrêtant aux limites du désert, elles envoyaient dans ces deux villes des députés qui payaient cher aux arabes le droit de passage. Venaient-ils solliciter la protection des Turcs, il fallait acheter cette protection, qui consistait, selon les lieux et selon les temps, en une escorte ou un simple firman du dey. Munies de cette garantie, les caravanes s'engageaient alors dans la régence, abandonnant encore, pour leur sécurité, soit aux chefs arabes, soit aux agents turcs, une partie des denrées qu'elles allaient vendre. S'il avait fallu payer cher pour arriver, il fallait encore payer pour le retour; car, dans ce pays, tout se payait. De là grandes difficultés dans le commerce, grand accroissement dans les prix.

L'accès de Tlemcen ne présentait pas ces complications ni ces déboires, et les caravanes y affluaient de toutes parts.

Aujourd'hui la sécurité est égale dans le Tell des trois provinces, mais le courant commercial vers Tlemcen a seul subsisté.

Tlemcen est le trait d'union entre l'Algérie et le Maroc; c'est par Tlemcen que nous pouvons écouler, dans cet empire, les denrées et les produits manufacturés qu'y introduisent les Anglais par Tanger, Rabat et Mogador.

« De plus, Tlemcen est en contact direct avec les Hamyane et les Trafi, ces grands pourvoyeurs du Gourara et du Touat qui, pour l'exécution de nos projets commerciaux, seraient des auxiliaires précieux que l'on ne saurait trouver nulle part ailleurs. Cette raison seule suffirait pour que Tlemcen fût choisie comme centre de nos opérations commerciales. »

(*Courrier d'Oran* du 13 octobre 1879.)

A peine, en 1865, la nouvelle de la libre entrée des marchandises du Maroc en Algérie était-elle répandue dans l'empire marocain, que les caravanes affluèrent à Tlemcen. La première qui arriva du Tafilalet, sous la conduite de marabouts, apporta une grande quantité de belles peaux maroquinées, si recherchées chez nous au moyen-âge, toujours fort appréciées des indigènes, et que le commerce européen semble dédaigner, nous ne savons pourquoi ; des haïks en tissu de laine et des teggaout, excroissance provenant, dit-on, de la piqûre d'un insecte sur une espèce de tamarix, ayant ainsi une origine et des propriétés semblables à celles de la noix de galle du chêne. La valeur réalisée de ces diverses marchandises s'éleva à 66,310 francs.

On ne saurait donc trop encourager les relations commerciales des tribus du sud avec Tlemcen, et nous sommes complètement de l'avis du membre de la Société de géographie d'Oran, qui, dans le *Courrier d'Oran*, déjà cité, du 13 octobre 1879, a écrit un article remarquable sur la nécessité d'un entrepôt franc à Tlemcen.

Il demande, pour Tlemcen, les franchises douanières accordées, en 1869, à Biskra, dans le but d'attirer les caravanes soudaniennes. Les espérances fondées de ce côté et sur la création d'une foire annuelle à Ouargla ont été déçues ou n'ont servi qu'à enrichir un petit nombre de négociants mozabites ou israélites.

Les articles européens ont continué à être importés au Soudan par R'adamès.

Tlemcen, par ses relations, par son heureuse situation et par son climat des plus salubres, est appelé à devenir le trait d'union entre l'Algérie et l'Afrique centrale.

Que l'on y transporte aujourd'hui la foire annuelle qui n'a donné aucun résultat à Ouargla, qu'on y proclame la franchise pour les marchandises venant du sud, on verra bientôt reparaître l'ancien courant commercial dans toute son intensité ; les populations du Touat et de l'oued Guir cesseront de nous être hostiles. Dès qu'une caravane aura vu cette grande factorerie traiter, échanger avec elle, de retour chez elle, elle nous sera acquise à jamais ; elle informera ses voisins, et de l'une à l'autre, toutes les caravanes seront alors averties de l'abondance du choix et du prix plus avantageux de nos tissus et de tout autre article à leur usage. La facilité de faire les échanges de tous leurs produits, l'accueil amical qu'ils auront reçu, les commodités de logement pour les hommes de la caravane et leurs chameaux, seront un nouvel encouragement pour eux à revenir, et le nombre des caravanes se doublera bientôt; les tribus pillardes les plus obstinées du désert finiront par changer de métier, en se jetant dans le trafic qui leur assurera plus de profit.

De là à l'établissement du Trans-Saharien il n'y aura qu'un pas.

En résumé, le Trans-Saharien oranais traverserait une contrée peuplée que la nature a richement pourvue; les bénéfices y seraient plus sûrs que par les tracés Laghouat et Biskra; de plus, les tribus du Maroc, comprises entre Fez et le sud du Tafilalet, viendront s'approvisionner à nos comptoirs de Tlemcen, de Sebdou, d'Aïn-Sfissifa, d'Igli et de Taourirt, établis le long du grand courant commercial de l'ouest.

Le tracé de l'est a pour lui les richesses minières de l'Aurès, et dans le Sahara, l'exploitation des dattes des Ziban, de Mraïer, de l'oued Rir', du Souf, de Touggourt et d'Ouargla. Les eaux jaillissantes transforment de jour en jour cette contrée.

Ouargla est tout disposé, avec les autruches du Hoggar, à s'ériger en marché *capable de défier R'adamès et Figuig*, dit M. Louis Say (1). Sans partager l'enthousiasme de ce jeune voyageur, nous admirons sa persévérance toute patriotique, et nous faisons des vœux pour que l'élevage de l'autruche, qui au Cap est pour les Anglais la première industrie après le diamant et les laines, se développe en Algérie, au point de nous permettre de nous affranchir de ce marché britannique.

Voici donc Ouargla en relation avec les Touaregs; une route commerciale est ouverte de ce côté vers le Soudan, mais nullement vers le Touat. Les courtiers d'Inçalah, avant l'exécution du prolongement du Trans-Saharien sur Tombouktou,

---

(1) Voir le *Petit Colon* des 3 et 4 juin 1879.

continueront à être en relation directe avec l'Afrique centrale, par l'intermédiaire des caravanes; leurs intérêts sont engagés avec leurs correspondants du Maroc ou de Tripoli, par R'adamès, et ils montreront plus que de la répugnance à trafiquer avec Ouargla et Biskra. Si le tracé Biskra l'emporte, en considération de l'importance de la vallée de l'oued Rir' et de nos deux grandes oasis de Touggourt et d'Ouargla, qu'il n'aille pas se fourvoyer en diagonale sur Inçalah; mais que, suivant en partie le projet Beau de Rochas, il s'engage chez les Touaregs, prêts, suivant M. Louis Say, à se constituer en maghzen à notre solde, et que, remontant la vallée de l'Igharghar, il arrive par la fameuse saline d'Amaghdor à Kouka ou à Sokoto, à travers le royaume d'Azben. On évite ainsi une grande partie du désert, on fait échec au projet de Rohlfs; on fait bien un peu crier les intéressés de R'adamès, R'at et Mourzouk, mais le but n'en est pas moins atteint.

Nous apprenons, au dernier moment, que la Commission du Trans-Saharien, dans sa dernière séance du 28 août dernier, s'est montrée, après la lecture d'un rapport de M. Duveyrier, très-favorable au tracé Ouargla, Amaghdor, Sokoto.

Cette route constituerait le débouché naturel des provinces d'Alger et de Constantine vers le Soudan, mais elle a l'inconvénient de passer chez les Touaregs, qui nous inspirent peu de confiance, et qui, Azdjer ou Ahaggar, sont sauvages, cupides, voleurs, indisciplinés et continuellement en hostilité (1).

Nous ne proposons pas non plus le tracé d'Ouargla sur R'adamès et R'at, car bien longtemps encore les négociants anglais, par leur débouché de Tripoli, défieront toute concurrence, grâce aux prix moins élevés de leurs produits.

Le tracé Alger-Laghouat, quoique central et partant de la métropole, ne paraît pas aussi séduisant; de Boghar à Inçalah il n'aurait de stations importantes à desservir qu'à Laghouat et à Goléah; il aurait la clientèle du Mzab et des Chambas, qui n'est pas à mépriser; mais les considérants que nous avons présentés

---

(1) Hermann-Duperré. (Le rôle de la France dans l'Afrique septentrionale et le voyage de Timbouktou), Alger 1873.

à propos du tracé Biskra, sur la déviation anormale des courants commerciaux du Touat, subsistent également pour le tracé Laghouat. Toutefois, si le Touat est jugé inabordable par l'ouest, nous donnons hautement la préférence au tracé Affreville-Laghouat, par Tagguine.

La province d'Alger, par une anomalie bizarre, est celle où la colonisation a le moins d'extension. Sa voisine de l'est a sa route du sud jalonnée par des centres et des oasis en pleine voie de prospérité, et qui peuvent continuer à prospérer sans l'intervention du Trans-Saharien. De Boghar à Laghouat, par le Haut-Chélif, il n'y a que des populations arabes; mais que les rails soient posés et l'on verra surgir des centres importants au pied des versants de la chaîne qui partage en deux parties les Hauts-Plateaux de la province d'Alger, de Goudjila à Guelt-Sestel; l'un d'eux à sa place toute marquée à Chellala, qui regorge d'eau et où deux ou trois européens sont installés pour le commerce des laines.

Un autre s'élèverait à Zerguine, près d'une source thermale souterraine des plus curieuses, où l'on descend dans une piscine naturelle par une quinzaine de marches taillées dans le roc.

Tagguine, immortalisé par la prise de la smala d'Abd-el-Kader, possède une source abondante; il deviendra plus tard, avec des plantations d'eucalyptus, d'acacia et de casuarina, un second Bouffarik.

Le Djebel-Amour, dont le chemin de fer atteindrait le pied des premières collines vers le ksar de Sidi-bou-Zid, formerait, entre les mains des Européens la contrée la plus fertile, la plus agréable et la plus salubre de toute l'Algérie.

A ne considérer que l'intérêt de notre colonie, des chemins de fer s'imposent d'Alger à Laghouat et de Constantine à Ouargla; ils seront *les Sahariens;* mais au point de vue commercial et national, le Trans-Saharien, par les raisons que nous avons essayé de développer, doit avoir Oran pour tête de ligne et suivre le méridien de Tlemcen.

4º — *Il éveillera le moins les susceptibilités politiques.*

Nous voici arrivés à l'accusation la plus grave formulée contre le tracé oranais et qui l'a fait condamner de prime abord ; le voisinage du Maroc, les difficultés diplomatiques, le fanatisme musulman, les luttes armées à soutenir et autres spectres du même genre.

En général, le Trans-Saharien aura, dit-on, contre lui le fanatisme musulman.

Laissons parler les pessimistes :

« Voyez, disent-ils avec effroi, ce qui se passe en Algérie après 40 années d'occupation : les insurrections incessantes de nos tribus, vos colonnes annuelles vers Figuig, et vous espérez dompter les fanatiques et cruelles peuplades du Sahara ! Il faut descendre des nues et vous arracher aux mirages financiers qui vous séduisent ; reprenez pied sur les dunes et écoutez quels échos répondront aux premiers sifflements de la locomotive.

« Entendez-vous ces clameurs, ces cris féroces que vous apporte le Simoun à travers l'Asaouad ? Ce sont les nègres de Bornou et de l'Haoussa, princes du Soudan et fils du soleil ; ce sont les Tibbou, les Touaregs Ahaggar, Kiloui, Sorgou, les pirates du désert, les Tartares de l'Afrique ; ce sont les Berbers de l'Haoudh, de l'Adrar, de Tiris et du Tekna qui, sous leur masque bistré, ne peuvent dissimuler leur sang vandale ; c'est Cham, tremblant pour son indépendance, qui pousse le cri de haine contre Sem et Japhet.

« Ce sont les mêmes clameurs qu'entendirent Mungo Park, Hornemann, Laing, Mademoiselle Tine, Dournaux-Duperré et bien d'autres, avant de succomber sous le coup de ces assassins.

« Interrogez l'histoire, vous n'y verrez qu'un exemple de factorerie implantée en 1470 par les Portugais dans l'Adrar. Le roi Jean II avait envoyé dans ce but une ambassade à Sonni-Ali, un des rois du Niger, qui autorisa l'installation. La tradition a conservé ce souvenir dans l'Adrar, comme un opprobre, un sacrilège ; aussi, en 1860, le capitaine d'état-major Vincent, qui, avec le maréchal-des-logis de spahis Gangel (1), et l'assesseur

---

(1) Aujourd'hui capitaine de gendarmerie à Alger.

Si-el-Hadj-Bou-Moghdad, de Saint-Louis, avait entrepris le voyage du Sénégal au Maroc, fut-il arrêté par les marabouts d'Atar et de Chingueti et obligé de rétrograder après avoir couru les plus grands dangers. »

Eh bien, ce tableau fortement estompé, peut, je ne dirai pas être transformé en une riante aquarelle, mais être adouci par des teintes moins sombres.

Le fanatisme musulman, à l'époque où nous vivons, a beaucoup perdu de son intensité ; le cercle de fer qui étreint l'islamisme depuis douze siècles, tend à éclater ; la marche humaine a des lois inflexibles ; la vie universelle ne saurait être entravée ; le fanatisme musulman et cette paralysie de l'Afrique, touchent à leur fin.

L'exclusivisme, la présomption, sont les traits saillants du caractère des sectateurs de Mahomet. Le coran leur a de plus inoculé la haine et le mépris des étrangers. Envahisseurs eux-mêmes, ils redoutent une invasion. Chez eux, comme chez nous au moyen-âge, la religion est entre les mains d'une certaine caste, un instrument d'exploitation et de domination sur les masses crédules.

Il y a là, néanmoins, un fait intellectuel et moral, avec lequel il faut compter en ce moment. Il existe en Afrique un certain nombre de centres de propagande musulmane fanatique qu'il faudra surveiller dans leurs agissements politiques. Les plus exaltés et les plus compromis dans les assassinats des voyageurs européens, sont les marabouts de Tin-Tarhodé (Aïr) et d'Azben, ceux de Teljant, près R'at et par-dessus tous, la confrérie religieuse d'Es-Senoussi qui a son quartier-général dans la zaouya de la Cyrénaïque, d'où elle rayonne et domine dans le Fezzan, chez les Tedda, au Ouadaï, à R'at, dans l'Azben, etc. Leur mission est d'opposer une barrière aux lumières modernes dont le progrès les menace et dont les voyages de découvertes en sont les avant-coureurs. S'ils ne peuvent entrer en lutte ouverte avec les idées européennes, ils agissent d'une manière occulte, ils ferment les routes de la Méditerranée au Ouadaï. Leurs missionnaires ont cherché à isoler de l'Algérie les populations du Sahara central, et ils ont fomenté des insurrections dans le territoire qui nous est soumis (1).

Il serait à désirer, d'après les considérations qui précèdent, que l'on n'usât des excursions ou reconnaissances militaires qu'avec une prudente réserve. La Commission du Trans-Saharien, sur la proposition de MM. Louis Say et Lucet, a voté un ordre du jour dans ce sens.

On se souvient du retentissement qu'eût jusqu'à Timbouktou la prise de Ouargla, en 1853, par le colonel Durrieu. Le cheikh Ahmed-el-Bekkay en prit ombrage et écrivit au gouverneur général de l'Algérie une lettre où il lui enjoignit de ne pas pénétrer plus loin dans le sud.

Huit ans plus tard, le commandant Colonieu se voyait refuser l'entrée de Timmimoun, et si M. Soleillet en 1874, ne put pénétrer dans Inçalah, c'est qu'on le soupçonna d'être un officier d'état-major.

Ainsi donc, pour commencer, des ingénieurs et des terrassiers, et ensuite des courtiers et des médecins. Le plus ardent fanatique bénit la main qui le soulage, fut-ce même celle du plus méprisé des infidèles. Mais dans tous nos postes extrêmes, des forces militaires suffisantes pour assurer la sécurité par influence, et, le cas échéant, pour se porter rapidement sur le point menacé.

D'un autre côté « ce danger que nous signalons du fait de la religion, se complique souvent par des questions d'intérêts commerciaux. Chez certains marchands africains, l'intérêt commercial transforme la jalousie en haine par la crainte de voir passer en des mains européennes les bénéfices réalisés sur l'échange des produits fabriqués de l'Europe, contre les productions naturelles des parties du continent africain, où les commerçants européens eux-mêmes ne pénètrent pas. Ce sentiment se trouve naturellement envenimé encore, partout où, sous l'influence européenne, s'opère l'abolition de la traite des esclaves, car les marchands qui profitent de ce commerce n'ont pas tous la philanthropie et la sincérité qu'on est heureux

---

(1) Voir « L'Afrique nécrologique » de M. H. Duveyrier.

de constater, sur ce point, chez certains gros commerçants parmi les musulmans du Sahara. » (Henri Duveyrier, *L'Afrique nécrologique*.)

Il faudra donc, aussi bien sur le tracé Ouest que sur les deux autres, se concilier, au point de départ et sur sa route, les sympathies des représentants du commerce indigène; ne pas leur donner lieu de supposer que nous voulons nous substituer à eux dans leurs trafics, mais leur faire comprendre que notre but est d'activer les transactions et de les enrichir en traversant leur pays; qu'une entreprise criminelle de leur part ne resterait pas impunie; que nous leur assurons notre protection s'ils nous accordent leur confiance.

Le Tafilalet et toutes les petites confédérations indépendantes, hostiles et rivales entre elles, qui vivent dans le bassin de l'oued Guir, ne sont pas si fanatiques que l'on veut bien le dire; leur amour du négoce, l'appât du lucre à réaliser, détruiront bientôt toutes appréhensions de leur part. Les Rhema, par exemple, sont des pillards redoutés de nos caravanes, lesquelles préfèrent, pour les éviter, traverser les Aregs. Comme ils sont maîtres du défilé de l'oued Messaoura, il serait de bonne politique de les intéresser au commerce de la voie ferrée, de leur payer au besoin, dans le principe, une indemnité analogue à la *zettata*, ou droit de passage imposé aux caravanes. On agirait de même avec les Beni-Goumi, les Doui-Menia, les gens de Figuig, s'il le faut, sans oublier des cadeaux aux marabouts de Kenadza et à ceux de Kerzaz. Ce seront des droits de douane, dont on ne saurait s'affranchir, même en pays civilisé. Ce sera, chez ces tribus barbares, le meilleur moyen de conciliation.

Le chemin de fer les satisfera; le Tafilalet lui-même y trouvera son avantage. Ainsi tomberaient l'hostilité systématique de ces peuplades et, avec elle, les difficultés politiques mises en avant par les adversaires du tracé oranais.

L'itinéraire que suit ordinairement la caravane du Tafilalet pour venir de l'ancienne Sidjilmiça à Tlemcen, traverse le territoire de tribus sur lesquelles l'empereur du Maroc n'exerce de fait aucune autorité. Aussi les trafiquants sont-ils obligés, pour assurer leur sécurité, de payer à chaque peuplade, dont ils traversent le territoire, le droit de passage dit *zettata*, dont la fixation est complétement arbitraire.

Nous lisons dans le *Courrier de Tlemcen*, du 8 octobre 1865, que la caravane de Tafilalet, arrivée à cette époque à Tlemcen, a dû d'abord louer 37 chameaux à la tribu des Doui-Menia, lesquels ont demandé 75 fr. de location par bête, la moitié de ce que vaut l'animal, les conducteurs devant être nourris par leurs locataires pendant le voyage, ci 2,775 fr.

Les droits de passage, chez les Doui-Menia, les Aït-Izdag, Aït-Tsegrouchen, Aït-Aïssa, chez les Aït-Atta et les Oulad-el-Hadj, sont montés à la somme de 929 fr. 60 c. Le marabout de Kenadza a exigé, lui seul, 600 fr.; à la douane de Tlemcen, il a été acquitté 1,391 fr. 75 c. de droits, soit environ 2 pour cent de la valeur des produits. La dépense totale a été de 10 pour cent de la valeur des importations.

On voit, par cet exemple, le rôle et le caractère des tribus de l'oued Guir. Ils ne seront pas loin de considérer la voie ferrée, passant chez eux, comme leur propriété, ils en seront les douaniers et continueront de plus belle à percevoir la zettata sur les petites caravanes du Maroc venant s'approvisionner à nos gares d'Igli, de Ksar-el-Azedj, et d'Aïn-Sfissifa, et qui seront heureuses de s'épargner les dépenses du voyage de Tlemcen. Il n'y aura que les grands courtiers du Tafilalet et de Fez qui, vu l'importance de leurs transactions, dirigeront leurs caravanes et leurs produits sur Tlemcen, où ils échangeront, avec de gros bénéfices, par suite de la baisse des prix de nos marchandises apportées par le chemin de fer.

Une autre considération va nous servir à démontrer que les négociants marocains seront loin de voir notre chemin de fer d'un mauvais œil.

Fez, qui a perdu son commerce par terre avec Tunis depuis notre établissement en Algérie, a conservé ses rapports directs avec R'adamès et Tripoli. Aussi les caravanes sont-elles assez régulières et deviennent même importantes à l'époque des départs et les retours du pèlerinage de la Mecque.

Les négociants de Fez, qui sont généralement riches sans le

paraître, entretiennent des agents ou des maisons succursales avec dépôts de manufactures sur plusieurs points de la frontière de l'est du Maroc, de manière à ravitailler les caravanes qui s'arrêtent ou qui se dirigent à droite ou à gauche sur d'autres oasis sans entrer dans le Maroc. Par ces succursales, les Marocains de Fez, Méquinez et Rabat tiennent une partie de leur fortune en dehors de l'empire du Maroc, ce qui est une mesure des plus prudentes dans un pays où le souverain est le maître absolu de toutes les terres, de tous les hommes, et l'héritier de toutes les fortunes de ses sujets.

Pour ces raisons, les stations principales de notre Trans-Saharien : Tlemcen, Sebdou, El-Aricha, Aïn-Sfissifa, Igli, etc., ne seraient-elles pas les maisons succursales des commerçants marocains ? Ils y trouveraient un trafic avantageux et certain, des profits assurés et, par-dessus tout, leur fortune serait sous notre protection, à l'abri des caprices de l'aristocratie chérifienne.

Pour en terminer avec l'accusation d'hostilité des tribus de l'oued Guir et du Tafilalet, nous affirmons que cette hostilité ne se manifesterait que si le Trans-Saharien arrivait à Inçalah par l'oued Loua ou l'oued Mya. En effet, notre apparition à l'extrémité du Touat les intriguerait, les inquiéterait et exciterait leur fureur dès qu'ils verraient le commerce, dont ils ont le privilège, leur échapper. Le fanatisme apparaîtrait alors plus haineux, plus terrible et notre œuvre serait fortement compromise. La voie ferrée passant au contraire ouvertement, franchement près de leurs ksours, sous leurs palmiers, ils pourront se rendre compte *de visu* de nos agissements et nous contrôler en quelque sorte; leurs craintes et leurs préjugés se dissiperont et, considérant les gains réalisés et le bien-être accru, ils finiront par favoriser et protéger la circulation des trains, par réclamer des gares ou des entrepôts dans chacune de leurs confédérations, voire même dans chacun de leurs ksours.

On le sait et tous les journaux d'Oran l'ont dit : le Trans-Saharien oranais ne passe pas sur le territoire marocain, proprement dit. Les tribus que nous avons citées sont indépendantes; l'impôt, le symbole matériel du vasselage, n'est nullement payé ; on n'y subit que l'influence religieuse des grands marabouts marocains et, en particulier, du chérif Abd-es-Selam d'Ouezzan, qui pourrait nous aider puissamment par ses lettres de recommandation.

L'empereur du Maroc ne saurait prendre ombrage de la création d'un chemin de fer à travers des populations qui échappent à son autorité.

Il serait convenable néanmoins de l'éclairer sur le but pacifique de l'entreprise, sur les avantages qui en résulteront pour le Maroc. Peut-être serait-il entraîné avec nous pour protéger notre Trans-Saharien, peut-être ferait-il entreprendre le chemin de fer de Fez à Tlemcen. Ce ne sont pas là des rêveries naïves, des hypothèses optimistes, inventées pour les besoins de la cause que nous défendons; c'est l'opinion de plusieurs négociants de Tlemcen, en relations continuelles avec leurs correspondants du Maroc, et celle d'un de nos savants interprètes, ami du chérif d'Ouezzan, et connaissant tous les chefs de caravanes.

La question diplomatique ne saurait être évitée et la chancellerie française à Tanger devrait, sans retard, prendre en mains l'étude de toutes les questions relatives au Trans-Saharien, dans laquelle un litige avec l'État marocain pourrait surgir. On éviterait ainsi de tristes mécomptes et de douloureuses déceptions.

Si le Trans-Saharien est une bonne opération, il est incontestable qu'elle portera ombrage à l'Angleterre, qui par les créneaux de Tripoli, Tunis, Tanger, Rabat, Mogador, Freetown, inonde l'Afrique des richesses de Birmingham et de Manchester. Elle essaiera, dans une brève échéance, de détruire notre concurrence en construisant une ligne marocaine qui absorberait le trafic du sud, à moins que notre tracé ne présente assez d'avantages économiques pour défier toute concurrence étrangère.

L'Angleterre fera, d'autre part, au Touat, sur le Niger, dans le Soudan, ce qu'elle a déjà fait à R'adamès.

« R'adamès est à vingt-une journées de Tripoli; il n'y a ja-
« mais eu le moindre européen établi dans cette ville, on n'y

« trouve pas le plus petit anglais; mais elle est le rendez-vous
« de toutes les caravanes qui, de l'intérieur et même de Tim-
« bouktou, se rendent dans le Tell, à Tunis et à Tripoli. Lag-
« houat et Tuggurt étaient, par leur position géographique, le
« passage naturel du commerce de l'Afrique centrale; il fallait
« donc, à tout prix, empêcher l'Algérie d'attirer chez elle les
« caravanes du Sahara et du Soudan. Pour cela, le vice-con-
« sul, — qui n'a personne à protéger, — devenu le représen-
« tant de maisons de commerce qui lui fournissent des fonds,
« achète à tout prix les marchandises de l'intérieur, et cumule
« les fonctions de commissaire et d'accaparcur avec celles d'a-
« gent britannique.

« Tout cela est parfaitement bien jusqu'ici; mais il s'agit de
« savoir si notre intérêt à nous, Français d'abord et colons
« français ensuite, Algériens en un mot, ne doit pas nous
« porter à imiter ces grands modèles, à suivre les exemples
« qu'ils nous donnent. » (L. GABRYEL. — *Rec. algér. 1860*).

Pourquoi, en effet, refoulant nos répugnances, ne ferions-
nous pas comme les Anglais?

Il y a longtemps que l'Angleterre, à notre place, aurait fait
le Trans-Saharien.

M. Richardson, à son retour d'un voyage d'exploration et
lors de son passage à Alger, disait, dans un de ces moments
d'expansion si rares chez les agents britanniques : « La pos-
« session de l'Algérie donne aux Français la plus belle position
« qu'on puisse désirer pour se rendre maître du commerce de
« l'Afrique centrale. Il est étonnant que le gouvernement n'ait
« rien fait pour en profiter. »

Un autre anglais, qui voyageait en 1842 dans le Maroc,
résumait comme il suit, ses impressions de voyage : « L'occu-
« pation complète de l'Algérie par la France livrera à cette
« nation un commerce d'importation et d'exportation que j'es-
« time à 175 millions. Aujourd'hui la majeure partie du négoce
« avec Timbouktou et le désert se fait par Tlemcen et Fez,
« d'où les *marchandises anglaises* sont emportées dans le sud
« par les trafiquants indigènes.

« Mais si la ligne de la Tafna est jamais occupée par les

« troupes françaises, il y aurait peu de demandes en Algérie
« de marchandises anglaises, dussent-elles y entrer franches
« de droits, parce que les manufacturiers français pourraient
« fournir à meilleur marché que les nôtres.. . . . .
« . . . . Bien plus, les
« Français mettant à profit les droits élevés que les produits
« européens paient dans le Maroc, pourraient introduire leurs
« marchandises en contrebande par la frontière de l'ouest et
« inonder les états de Moula-Abderrahman (1). »

Ceci nous amène à déplorer amèrement le tracé peu heureux de notre frontière du Maroc! Bien aveugles furent les Français qui signèrent le traité de 1845! car ils ne prévirent pas pour l'avenir, la route que la nature a tracée dans l'Afrique septentrionale, pour se rendre de la Méditerranée au Sahara par la Moulouïa, l'oued Ziz et l'oued Guir.

Pour revenir au sujet qui nous occupe, nous dirons que le tracé oranais doit moins éveiller les susceptibilités de l'Angleterre que les deux autres. Elle conserve ainsi le monopole de Tripoli, de R'adamès, de R'at et de Mourzouk, sans concurrence, sans rivale, ce qui n'aurait pas lieu si le Trans-Saharien passait par Ouargla ou Goléa. Si, enfin, notre tracé de l'Ouest, draine quelque peu le courant de Tanger ou de Mogador à Inçalah, nous ne faisons à l'Angleterre qu'une faible et loyale concurrence, à nos risques et périls.

5°. — *Le tracé par Oran et Tlemcen est la meilleure ligne stratégique.*

Entre Laghouat, Ouargla et Goléa, la sécurité est à peu près complète. Il n'en est pas de même entre Géryville et Figuig, où nous avons chez les Oulad-Sidi-Cheikh un foyer mal éteint d'insurrection. Le chemin de fer de ce côté est donc, de prime abord, d'une urgente nécessité au point de vue militaire. Cette tribu de Cheurfa ou de marabouts qui n'est en définitive qu'une agglomération de mendiants improductifs et dé-

---

(1) Revues algériennes, par L. Gabryel. Lyon 1861.

hontés, exerce une influence religieuse des plus grandes. Leur centre est à El-Abiod-Sidi-Cheikh; ce n'est pas comme à Brézina, à Chellala, Thyout ou Mor'ar, une de ces bourgades où l'invasion arabe a confiné quelques débris de l'ancienne population berbère: c'est une ville moderne, bâtie et peuplée exclusivement par les Oulad-Sidi-Cheikh. Tout y appartient à ceux-ci: maisons, puits, irrigations, jardins et palmiers; la koubba qu'ils y ont élevée à leurs ancêtres, est le foyer de leur influence comme la source de leurs richesses. Chaque tente des Hamyane-Cheraga paie le tribut religieux à quelqu'un des membres de la famille des Oulad-Sidi-Cheikh; c'est un fermage héréditaire qui se subdivise comme les héritages, si bien que la dîme que leurs pères soldaient, au xive siècle, à Si-Mahmar-Ben-Halia, les Rezaïna, les Akerma, les Oulad-Abd-el-Kerim, les Oulad-Ziad, continuent à le verser aux descendants de leur ancien suzerain.

L'insurrection de 1864, dirigée par eux, nous coupa les routes fréquentées qui mènent au Gourara. Il faut donc, avant toute autre chose, empêcher ces troubles de se reproduire. Le chemin de fer, en débouchant sur leur territoire, leur enseignera que le châtiment suivra de près la rébellion.

Il faut faire, en outre, pour la province d'Oran, ce que le général de Lacroix, à la suite de son expédition d'Ouargla, a senti la nécessité de faire pour celle de Constantine, en occupant Touggourt et en établissant, à El-Oued et à Ouargla, des officiers de spahis qui commandent la contrée.

Le point que nous proposons et qui serait sur la ligne du chemin de fer, est Aïn-Sfissifa. Un poste militaire important, en cet endroit, à la tête de la vallée de l'oued Namous, tiendrait en respect les tribus avoisinantes et paralyserait les tentatives des Oulad-Sidi-Cheikh, par sa liaison avec Géryville, Daya et Sebdou; il serait un point d'appui et de ravitaillement assuré, une base d'opérations si les circonstances exigeaient notre intervention armée dans le Touat. L'installation de ce poste et l'entretien de sa garnison seraient bien moins coûteux qu'à Ouargla et qu'à El-Goléa.

Figuig, malgré ses abords difficiles, eût été le point à occuper, grâce à son importance et à sa position qui commande la vallée de l'oued Zouzfana, à cheval sur les routes de Tlemcen au Touat et de Géryville au Tafilalet.

« Figuig, disait le capitaine de Colomb, dans son rapport sur
« les opérations de la colonne de Géryville, en mai et juin 1857,
« devrait être français et être fortement occupé; c'est le seul
« boulevard possible pour notre frontière marocaine au sud, et
« il tient la tête de l'oued Saoura, la grande route de Touat,
« la route facile, la route sur laquelle chaque étape est mar-
« quée par des ksours ou par des eaux abondantes.

« Si la France ne veut pas mentir à sa mission dans ce pays,
« si elle veut être, comme sa position en Afrique lui en impose
« le devoir, la première à éclairer largement le centre de
« l'Afrique et à faire cesser cette ignorance de la plus riche
« partie d'un des plus vieux mondes, qui est si honteuse pour
« les nations civilisées, il lui faut Figuig, et par Figuig le Gou-
« rara, le Touat, Tidikelt, oasis de 100 lieues de longueur, le
« seul trait d'union mis par la Providence entre le Soudan
« et les côtes algériennes. »

Ce que les circonstances empêchèrent d'exécuter par les armes, le Trans-Saharien le réalisera pacifiquement.

Entre Ouargla et le Touat, les Touaregs, quand ils le voudront, peuvent détruire la voie ferrée qui unirait ces deux points, piller un train impunément et se réfugier dans les gorges de leurs hammadas, ne nous laissant que le sable et le calcaire nu pour exercer nos représailles.

Des actes de ce genre, sur la ligne d'Oran, ont moins de chance de se produire, car les indigènes y ont des propriétés, des magasins, des jardins, des intérêts fixés au sol qui les rendent très-vulnérables.

Donc, nouvel avantage pour le Trans-Saharien oranais : une plus grande sécurité, une garantie assurée dans les pertes.

Nous avons déjà réduit, à leur juste valeur, les terreurs inspirées par le fanatisme musulman; nous allons pousser la chose au pire et voir ce qui arriverait s'il y avait une coalition de l'Afrique centrale contre nous.

Le Trans-Saharien oranais serait encore celui qui permettrait de sauver la situation.

M. Raffenel, qui a fait deux voyages en Sénégambie, prétend qu'il y a à craindre l'invasion ou l'émersion des Pouls, dont les hordes formidables tendent à se répandre en tous sens. « A qui, dit-il, sera-t-il donné d'arrêter ce torrent qui menace, non-seulement l'Afrique barbare, mais aussi l'Afrique civilisée, l'Algérie en un mot? »

Le général Faidherbe, doublement compétent en cette matière, comme militaire et comme gouverneur du Sénégal, a discuté cette question d'invasion du Tell par le Soudan (1). D'après lui, pour faire traverser le Sahara à une armée de 30,000 nègres, il faut une flotte de 1,000 chameaux. Cette armée devra forcément se fractionner de manière à ce que les puits de la route puissent suffire, sauf à se réunir dans le Touat.

L'histoire ne signale, comme faits de ce genre, que l'expédition des Zenaga-Almoravides, marabouts du Sénégal, dirigée sur le Tell; ils étaient montés sur des maharis, ils ravagèrent le Tafilalet.

Quant aux migrations inverses du Tell dans le Soudan qui ont eu lieu, les détails manquent; il a dû y avoir infiltration plutôt qu'invasion.

A la fin du xvie siècle, l'empereur marocain, Mula-Ahmed, dirigea sur l'Adrar et Timbouktou une armée de 20,000 hommes, qui périt dans le désert par la famine.

Il envoya plus tard une armée de 3,600 hommes, armée de mousquets, divisée en 174 pelotons, de 20 hommes chacun, et commandée par l'eunuque Djoudar. La poudre fit merveille, paraît-il, et les principales villes du Soudan furent occupées par des garnisons marocaines.

On cite encore, parmi bien d'autres, l'exemple d'une caravane de 2,000 hommes et 1,800 chameaux qui aurait péri toute entière de soif en 1805.

Bref, il n'est pas impossible que les peuplades soudaniennes, exaltées par le fanatisme religieux, ne s'opposent par les armes à la marche civilisatrice des peuples de l'Europe.

(1. L'avenir du Sahara et du Soudan (1865).

« Supposez, dit le général Faidherbe, qu'elles arrivent au Touat au nombre de 30,000 hommes ; elles y trouveraient des indifférents et des adhérents ; elles dépouilleront les premiers et s'adjoindront les seconds. Elles se grossiront encore des tribus nègres du Tafilalet et se lanceront sur la province d'Oran. »

L'honorable général ajoute que ces hordes seraient vite détruites en Algérie, par nous et par les populations indigènes, qui, habituées à l'ordre par notre administration, prendraient de suite en horreur ces sauvages prêts à tout excès.

Nous ne pensons pas de même : l'arabe du Tell pourra rester indifférent ; mais les tribus si peu soumises du sud de la province d'Oran, ne se hâteront-elles pas de lever l'étendard de la rébellion, et ce cri de guerre, parti de l'oued Guir, répercuté dans le Djebel-Amour, ne fera-t-il pas tressaillir les tolbas de nos zaouyas, ces professeurs d'insurrection ?

Il y aura là, pour nous, une situation critique que l'on ne peut conjurer que par une concentration rapide de troupes sur la route du Tell oranais, à Inçalah ; l'invasion ne se fera pas par les régions dénudées de Laghouat et d'Ouargla ; le chemin de fer de Tlemcen au Touat est donc indispensable et remplit seul les conditions stratégiques, à condition, toutefois, d'être soutenu par un chemin analogue reliant Aïn-Sfissifa à Alger par Géryville, Tiaret et Boghar.

Un chemin de fer s'impose également d'Alger à Biskra pour faire face aux éventualités qui pourraient surgir de ce côté.

Ainsi sillonnée de voies ferrées, l'Algérie pourra suivre son œuvre en toute sécurité.

Nous ne dirons rien du tracé du Trans-Saharien entre le Touat et Timbouktou.

Relions d'abord le Touat à la Méditerranée, et le Sénégal au Niger. Reconnaissons et étudions ensuite le mystérieux désert, de manière à effectuer la jonction de nos deux colonies dans les meilleures conditions d'hygiène et d'économie.

Nous verrons après.

Mais nous n'admettons nullement les conclusions désolantes du général Faidherbe. Le Sahara cessera d'être désert, les puits ne seront pas comblés, les chemins ne seront pas oubliés ; la barbarie et le despotisme feront place à la civilisation et à la liberté, l'apaisement succèdera à la tempête ; et grâce à l'initiative de la France, ce vide homicide de l'Afrique se transformera: le long du Trans-Saharien l'eau jaillira, les forêts surgiront et les villes germeront.

Il ne s'agit pas, pour nous, de faire en Afrique ce qui se passe dans la zone tempérée du Nouveau-Monde, aux Etats-Unis, dans la Plata et au Chili, c'est-à-dire d'introduire la colonisation en refoulant les populations indigènes ; il ne s'agit pas non plus de fusion, d'assimilation de races, puisqu'il n'y aura pas conquête ; il s'agit simplement de répandre ou de réveiller au sein des races sauvages les notions supérieures de progrès et de liberté dont nous avons gardé le dépôt.

N'oublions pas enfin ces paroles que notre grand poète, Victor Hugo, prononça au banquet commémoratif de l'abolition de l'esclavage :

« Unissez-vous ! allez au sud. Est-ce que vous ne voyez pas
« le barrage ? Il est là, devant vous, ce bloc de sable et de cen-
« dre, ce monceau inerte et passif qui depuis six mille ans fait
« obstacle à la marche universelle. Ce monstrueux Cham qui
« arrête Sem par son énormité, l'Afrique. . . . .
« Allez peuples ! emparez-vous de cette terre. Prenez-la. A qui ?
« à personne. Prenez cette terre à Dieu. Dieu donne la terre
« aux hommes. Dieu offre l'Afrique à l'Europe. Prenez-la. Où
« les rois apporteraient la guerre, apportez la concorde. Prenez-
« la, non pour le canon, mais pour la charrue ; non pour le
« sabre, mais pour l'industrie ; non pour la conquête, mais
« pour la fraternité. »

En avant donc, à l'œuvre ! l'élan est donné, l'élan qui brise les obstacles ; « les obstacles existent, ils font leur devoir, qui « est de se laisser vaincre. » (Victor Hugo.)

Le Trans-Saharien se fera et nous sommes convaincu que le jour n'est pas loin où nos enfants, acclamés par les Noirs, devenus hommes, pourront aller en train de plaisir, d'Oran au Niger, assister à l'inauguration de la statue de René Caillié, devant la gare de Timbouktou.

CONCLUSIONS

Ce travail a été terminé vers le milieu du mois d'octobre. Depuis cette époque, la Commission supérieure du chemin de fer Trans-Saharien a reçu des renseignements, des notes, des rapports : chacun de ses membres a émis son avis, et, nous le disons avec regret, notre tracé occidental semble condamné. Outre les difficultés diplomatiques, outre l'hostilité des tribus-frontières, on prétend que son adoption entraînerait une bifurcation au Touat, pour desservir les deux provinces d'Alger et de Constantine.

MM. Duveyrier, Lucet et Louis Say préconisent le tracé oriental de Biskra au Soudan par le pays des Touaregs ; M. Duponchel propose, comme ligne de construction, la ligne Bordj-bou-Arêridj-Laghouat ; M. le général Colonieu, plus logique, recommande le tracé Relizane-Tiaret-El-Maïa-Goléa. Par la vallée de la Mina on débouche, en effet, assez facilement sur les Hauts-Plateaux ; on se prolonge au sud par l'oued Kerbout et l'oued Sidi-en-Naceur ; une dépression entre le Djebel-Kenater et la chaîne de Makna permet de passer dans le bassin de l'oued Zergoun et de descendre cette rivière jusqu'à l'endroit où elle disparaît, à Oumm-el-Hadjadj. Mais, au delà, sont les Aregs, qu'il faut traverser sur une longueur de 80 kilomètres au moins, si l'on veut atteindre l'oued Loua pour aller à Goléa. Ce tracé est évidemment le plus court pour arriver à Goléa, mais il assume une grande partie des imperfections reprochées au tracé de Laghouat : manque d'eau, sables, très-peu de centres à desservir. Si l'on atteint Goléa, c'est pour aller au Touat, et, malgré tout, nous maintenons nos assertions sur les avantages du tracé par l'oued Messaoura, et nous répétons que si *jamais un chemin de fer français, partant de l'Algérie, aboutit au Touat et se prolonge plus au sud, il doit avoir son point d'embarquement à Oran et passer par Tlemcen et l'oued Messaoura.*

L'abord du Touat, par une autre direction que l'oued Messaoura, soulèverait certainement le mécontentement des populations nombreuses, installées dans son bassin, et qui sont les intermédiaires intéressés entre les négociants du Maroc et les caravanes du sud.

Si toutefois ces tribus pseudo-marocaines font tellement l'effet de têtes de Méduse, il ne faut plus songer à atteindre Timbouktou par le Touat; c'est le tracé Biskra-Amaghdor-Sokoto qu'il faudra adopter; ce sera tomber d'un Charybde supposé en un Scylla certain.

Les récents événements sur notre frontière marocaine, chez les Chamba et à Ouargla même, ont fait remonter les actions du tracé central.

Les turbulents, les perturbateurs viennent de l'ouest, et en grande partie des Oulad-Sidi-Cheikh. C'est chez ces derniers qu'il faut lancer la voie ferrée et la protéger par une forte garnison à Aïn-ben-Khelil ou à Aïn-Sfissifa; on les tiendrait ainsi en respect et on paralyserait leurs tentatives.

De l'un de ces deux postes partirait une ligne de bifurcation sur Tiaret, Boghar et Alger.

L'armée d'Afrique, qui, au prix de son sang, a préparé et assuré la colonisation, depuis bientôt un demi-siècle, a fini son rôle dans le Tell. Une nouvelle mission lui est imposée, mission qu'elle remplira avec abnégation et patriotisme: la pacification d'abord de la zone qui sépare le Tell du Sahara, puis, sa transformation et son assimilation.

Oran. — Imprimerie PERRIER.

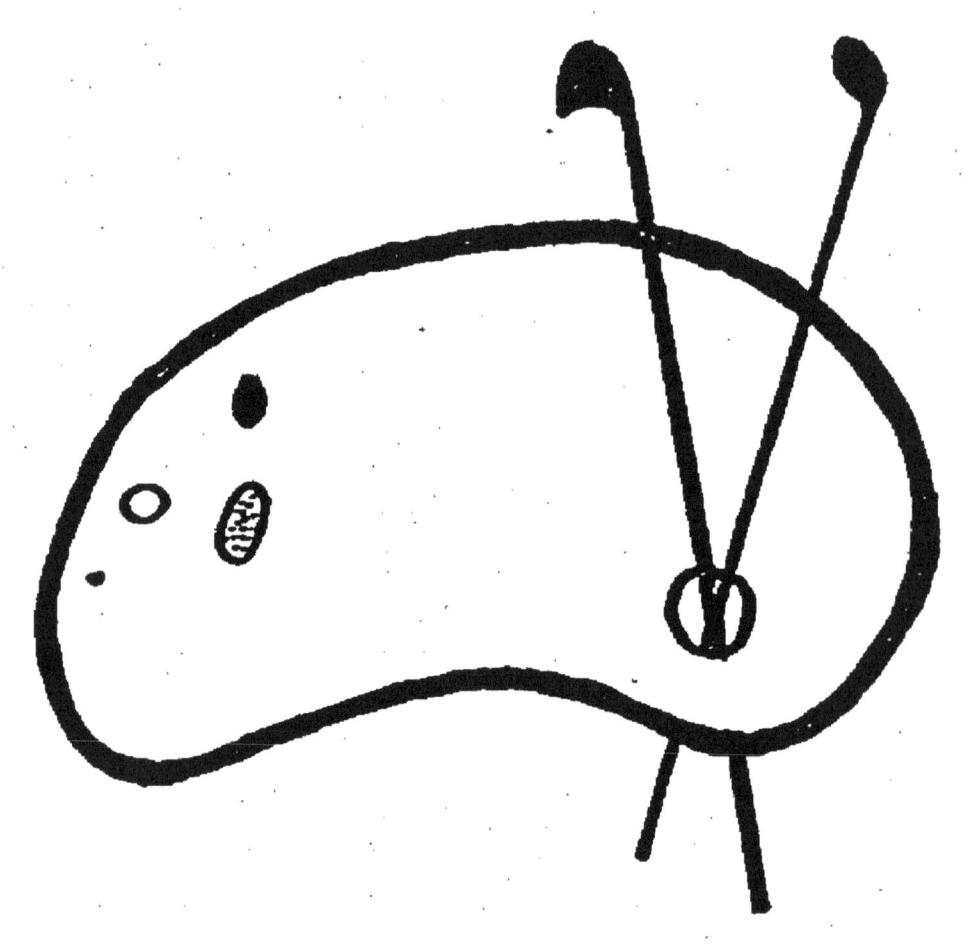

ORIGINAL EN COULEUR
NF Z 43-120-8

www.ingramcontent.com/pod-product-compliance
Lightning Source LLC
Chambersburg PA
CBHW060945050426
42453CB00009B/1129